A LA CHAMBRE.

DU PROJET

DE RÉDUCTION DES RENTES.

(Faisant suite aux réponses à M. Humann.)

Les plus hauts enseignemens ressortent de la question maintenant mise en débat.

D'un bord, la banque, la province, l'opposition s'évertuent, se coalisent en la vue de la réduction des rentes, qui porte à la première des chances de richesse, à la seconde des joies de vengeance, à la dernière des leurres d'ambition.

De l'autre bord, les rentiers, les ministres, le prince même, dit-on, luttent, mais non pas d'accord et en alliance, ou plutôt ceux-ci ne font qu'une résistance timide, craintive, et ceux-là n'ont qu'une répugnance passive, stérile.

D'où vient un tel contraste entre la ferveur, la fureur presque, dont étaient animés les rentiers de 1824, et la froideur, la torpeur qui se montrent chez les rentiers de 1836.

L'intérêt est égal et même supérieur, attendu que les placemens de fonds sont encore plus difficiles.

Et la liberté s'est accrue, dit-on, car il a été fait à cette fin une révolution coûteuse, périlleuse. L'intelligence s'est élevée, dit-on, car, au vu et au su de chacun, la civilisation suit une marche progressive.

En théorie, cela ne laisse aucun doute; en pratique, il n'en perce nulle trace.

C'est que le germe jumeau de liberté et d'intelligence, conçu sous le coup de feu de juillet, semblait tellement porter la menace de tourner en un formidable géant, qu'il a été jugé nécessaire par les pygmées assistant au travail de l'enfantement, de le comprimer sous des langes de plus en plus resserrés, non pas tout-à-fait au point de lui couper la respiration, mais bien à l'effet d'entraver ses mouvemens, de paralyser son action.

De là, la consécration du monopole des journaux, au moyen des charges fiscales qui ne permettent pas d'en établir de nouveaux, dont il a été dit en 1827:

« Le monopole de la presse agite et trouble par le jeu des « mensonges, les imaginations, abaisse et courbe sous le joug des « sophismes, les intelligences ; interceptant autour des unes et « des autres tout rayon de vive et pure lumière. »

Tellement, qu'en la circonstance présente, une seule feuille se prête à la communication des plaintes ralliées et du rentier lésé en ses intérêts, et du publiciste blessé dans ses principes.

De là, et pis encore, ces lois d'intimidation de toute façon, à toute occasion, qui ont jeté les esprits, futiles et volages en France, dans cet état transitoire de stupeur où les avait mis la censure de 1827.

Tellement qu'en ce moment, où tant de vœux sont d'accord avec le cabinet, où le cabinet a tant besoin d'auxiliaires, la plume et même la parole sont privées de tout retentissement, et les réunions d'intérêts, les pétitions de vœux, ne viennent pas à naître.

L'esprit public n'est pas tué sans doute, comme il a été vu après cette époque, comme il sera vu après celle-ci ; mais en l'attente passive du souffle fortuit qui le ressuscitera plus terrible que jamais, il fait le mort.

Voilà ce qui advient, alors que le pouvoir issu des flancs de l'opinion, dit-on, ôse tenter, avant que le temps lui ait prêté de la force, de s'isoler du sein qui lui donna naissance, qui seul lui porte vie.

Voilà ce qui advient, alors que la volonté malencontreuse de certains hommes, qu'un subit tourbillon a lancés, a déposés au faîte du pouvoir, s'imaginent avec quelques ligne de légalité, fonder autour de leur siége de rencontre, le calme plat.

Et déja apparaît en tout son jour la bévue d'orgueil.

A peine le débat est ouvert à l'égard des rentes, qu'une vive et rude explosion éclate, comme des ténèbres du tombeau.

Encore, dans la banque, dans la province, dans l'opposition, il n'y a que l'intérêt qui émeut, qui ameute au sujet de la réduction des rentes; et d'une part l'intérêt se confine sous ses limites propres, ne se propage pas en des sphères étrangères; et d'autre part, l'intérêt n'est point susceptible d'une manifestation ardente, violente.

La crise actuelle des esprits dénote tous les caractères de la passion, contagieuse de sa nature, impétueuse en son allure, et irréfléchie jusqu'à accomplir en 1830 une révolution de rois sans le vouloir, sans le savoir, et inconsidérée jusqu'à tenter en 1836 une réduction de rentes, sans y rien comprendre, sans en rien tirer (1).

Or, d'où jaillit ce jet impromptu de passion, long-temps comprimé et d'autant plus exalté, si ce n'est d'un mécontentement jusqu'alors tacite, d'une déplaisance peu à peu sensible à l'égard des erremens ministériels.

Chaque mesure, prise une à une, affectait à peine, n'agitait qu'un instant; même, parfois elle était accueillie, applaudie dans l'espoir instinctif que c'était la dernière.

Mais la trace du coup ne s'effaçait pas au cœur, sinon en l'esprit; mais la chance de l'avenir s'évanouissait par le laps de temps, et les mesures allaient toujours se renforçant de rigueur, toujours rétrogradant de succès.

La digue de patience, rongée en silence, minée par la base, allait être emportée au moindre ébranlement.

Ainsi il est arrivé.

Il faut payer en un jour le prix long-temps accumulé de tant d'actes ce semble inaperçus.

Le compte est à solder quant à l'intéreur, quant à l'étranger.

Voyez les amis même, s'il y a des amis en cour, ceux-là

(1) « Sans le vouloir comme aussi sans le savoir, il est un parti en France qui a amené la chute de la restauration : c'est ce même parti qui maintenant, sans le vouloir, sans le savoir, j'en suis sûr, nous mène au même résultat. (M. MAUGUIN, 1834.)

présageant la chute et ceux-ci convoitant la place, se tenir à l'écart ou se poser en lutte.

Voyez, chose hideuse à quiconque ou pense ou sent, amis et ennemis d'accord sur ce point, déclarer que ce n'est plus une question de finance, que c'est une question de cabinet.

Le destin des rentiers, tout-à-fait indifférent en lui-même, se voit mis sur une carte, carte de vie ou de mort, suivant qu'en telle ou telle main seront remis les sceaux de l'Etat, de par la grace du sort.

C'est-à-dire que le lévier représentatif à la mode de nos temps, si puissant qu'il est, si bienfaisant qu'il serait, s'implante en les entrailles vives de la société, et là, prenant son point d'appui, coûte que coûte en souffrances du pays, ne manœuvre qu'en la fin d'ébranler et renverser le ministère.

C'est-à-dire qu'un tel système long-temps inconnu, et toujours méconnu en France, ne porte que ces deux fruits, amers s'il en fût, et de faire le bien de ceux qui tout à l'aise font jouer le gouvernail, et de faire le mal de ceux qui à force de bras font agir les rames.

De là, à l'instar du régime précédent qui l'amena, l'état actuel amène inévitablement, immanquablement un régime contrastant.

Car en tout et partout, sitôt que l'usage enfante l'abus, par un retour peu filial, l'abus enterre l'usage.

Or si la minorité opposante ne rougit pas de manœuvrer le lévier représentatif dans le sens du parti, aussi la majorité dominante ne frémit pas de le mouvoir en vue de la caste.

Dans l'ordre social, et d'autant qu'il se complique, tout est forme, tout est fiction. Tel et tel chef n'est institué que sous la présomption d'être juste et fort; telle et telle chambre n'est constituée que sous la présomption d'être habile et loyale.

Ni le chef ni la chambre ne sont investis du droit, et seulement sont à la fois revêtus du pouvoir, chargés du devoir.

Leur volonté asservie aux instincts n'a nullement à s'ingérer en l'œuvre de la légalité : leur conscience même, fraudée par les passions, n'a qu'à se garder d'y intervenir.

Volonté et conscience étant mises à part, le chef, la chambre sont astreints à recueillir les fruits de l'opinion dont ils ont eu à répandre et protéger la semence.

L'opinion seule est éclairée, est impartiale, ainsi qu'il a été exposé et démontré dans l'écrit qui en porte le titre.

Eh bien, l'opinion est tenue en mépris et même mise au secret, n'est point écoutée, point entendue.

L'intérêt est fait le droit : la volonté se fait la loi.

A ce terme, l'évidence est que le pouvoir doit être remis à un seul plutôt qu'à plusieurs, et à jamais plutôt que pour l'instant, par cela que l'intérêt est ainsi satisfait à moins de frais, en moins de temps.

Que de preuves viennent à l'appui !

Le pouvoir est aux mains des propriétaires, ainsi que ce doit être, que ce peut être. (*De l'Opinion.*)

Et voyez la légalité à deux tranchans, telle qu'elle est forgée, dégrever l'impôt territorial au lieu d'alléger les taxes alimentaires, et favoriser le bailleur de fonds au détriment du fermier, et considérer le revenu présent au-dessus du produit futur. (*Du Tribut de la Terre.*)

Voyez ensuite, quant à l'indemnité que commandait le respect même du droit de propriété et qui n'est susceptible de critique qu'en ce que la loi fut faite par les intéressés, ne tenir aucun compte ni des rentes sur l'Etat éteintes par confusion, disait-on, ni des rentes pour concession de fonds entachées de féodalité, disait-on.

Voyez, depuis la révolution qui n'a révolutionné que les sceptres, et les places, et les bourses, s'invétérer le même système, et dans ce moment se représenter une de ses phases les plus marquantes.

Dans la chambre, il n'y a que des censitaires, il n'y a point de rentiers.

Là, gît la solution brève et nette du problème : de là sort la question préalable au-devant de tout débat.

Cependant, en outre de ce que l'Etat ui-même est partie contractante vis-à-vis des rentiers et n'a qu'à se conformer au contrat ou à transiger par la voie de l'arbitrage, certes les censitaires ou contribuables sont parties aussi vis-à-vis des rentiers et ont moins de droit encore à briser le contrat, à décider d'après leur volonté.

Les parties se font juges : voilà !

La majorité fait la loi, telle qu'il lui plaît, à la minorité.

Ainsi, et pas autrement, quoiqu'en matières différentes, la constituante, la convention disposaient des biens, se jouaient des droits de leurs adversaires politiques.

On suit l'exemple des temps passés ; on donne l'exemple aux temps futurs : lesquels sont près de commencer et sont loin de se clore, bien qu'on ne veuille pas le croire.

C'est l'histoire des révolutions de France, que tour à tour, tel et tel parti, s'est fabriqué contre ses ennemis, des armes terribles, que ceux-ci ont bientôt enlevées, ont retournées contre lui.

Surtout, ce fait retentit sans cesse dans l'esprit, que la chambre de 1815, qui opprima le pouvoir, a comme enfanté la chambre de 1830, qui renversa le pouvoir.

« Le roi aurait-il besoin d'exposer les motifs qui l'ont engagé à ne pas mettre la réduction de la dette publique, au nombre des moyens propres à rétablir l'ordre dans les finances : le roi aurait-il besoin de justifier cette résolution, au milieu des états-généraux de la nation la plus renommée pour ses sentimens d'honneur ? Non, sans doute ! » (*Discours du garde des sceaux*, 5 mai 1789.)

Entre ce qui fut dit alors et ce qui se fait à présent, se manifeste la différence des caractères, et du pouvoir unique, permanent, et du pouvoir multiple, passager.

Aussi il y avait un déficit : et il montait à 56 millions ; et il ne provenait ni d'une révolution faite sans le savoir ou d'entreprises faites sans y rien entendre, ni du dégrèvement insolite de l'impôt foncier ou de la prolongation oiseuse du fonds d'amortissement.

Et ce déficit était tel, au moins à l'idée du pouvoir, qu'en désespoir de cause, la détermination se prenait de revenir aux anciennes formes de la monarchie, autrement de se désister de ses droits, d'abdiquer son autorité, et de compromettre par suite les destinées mêmes de la royauté.

N'importe : l'honneur parle.

Maintenant le déficit n'est même qu'éventuel : le déficit s'atténue par l'accroissement des impôts indirects ; le déficit renaîtrait par la tendance aux dépenses nouvelles.

Peu importe : l'honneur ne parle pas.

A la vérité, il est fait un semblant de justice, sous lequel perce le doute instinctif de l'existence du droit.

Le fait de la réduction est comme enfermé, enveloppé sous l'ombre, est annoncé sous le nom de remboursement, est opéré d'après le mode de rachat à un taux fixe.

Rembourser, ce serait payer aux créanciers, soit la somme versée lors du contrat entre les parties, soit la somme déboursée pour l'achat sur la place, soit enfin la somme exprimée à titre du pair de l'emprunt.

Vraiment, ni l'un ni l'autre de ces partis n'était praticable, proposable.

Il n'y a point de somme exprimée, par la simple raison que l'idée du remboursement futur n'était venue en la tête de qui que ce soit.

Quant à la somme déboursée, la convention s'est passée entre personnes étrangères, a été réglée d'après les chances du moment.

Quant à la somme versée, le remboursement aurait à varier du chiffre de 300 pour les rentes antérieures à la banqueroute des deux tiers, jusqu'à celui de 55 pour les emprunts contractés en 1816.

Or, comme à l'impossible nul n'est tenu, à l'aide de deux cotes mal taillées, il a été inventé un moyen terme à 73 pour le prix coûtant, et un moyen terme à 108 pour le prix payable.

En quoi, il n'est fait nul état des rentiers dépouillés en 1793, attendu qu'on ne pouvait se targuer vis-à-vis d'eux, de leur rembourser plus qu'ils n'avaient déboursé.

Le remboursement opéré au prétendu pair, constituerait une mesure de l'ordre absolu, dont c'est le caractère de marquer la foi en son droit, et d'imposer le silence aux regrets.

Au contraire, le rachat offert au moyen terme supposé, constitue une mesure du genre arbitraire, qui dénote en soi-même quelque doute et suscite chez les autres, le reproche.

L'homme est ainsi fait, que de se soumettre, frappé de son impuissance, à l'absolu, au nécessaire, et de se révolter, autorisé par la faiblesse, contre l'arbitraire, le contingent.

Il y a déficit : et l'Etat est en péril ; et il faut le sauver à tout prix ; et décemment les élus ne peuvent imposer leurs électeurs ; et les rentiers sont là, comme au sacrifice d'Abraham, se montra une victime de sang étranger.

« Avec un pareil raisonnement, disent fort bien les *Débats*, il n'y a pas d'injustices, pas de violences, pas de rapines qu'on ne puisse se permettre : malheur à qui présente la proie la plus facile. »

Disons mieux et plus ; jamais encore, absurdité, atrocité étroitement unies, non sans agir parfois de même, n'osèrent parler ainsi.

Lacenaire seul est à citer : « La société m'a maltraité ; je me venge de la société : tant pis pour ceux de ses membres qui s'offrent à mes coups. »

Encore Lacenaire n'avait pas tramé lui-même sa ruine : au lieu qu'ici, c'est l'Etat qui, par l'intermédiaire de ses représentans fictifs, a complotté, a combiné le déficit ; et cela à son bon plaisir, en dégrevant et amortissant, en guerroyant et colonisant ; et cela non sans grand' peine, la force native du pays prévalant sans cesse sur tant de causes de ruine.

Même, il n'y a pas déficit, sauf les chances inconnues, ni pour 1827, dont le budget est à peu près réglé, ni pour les années suivantes où il est facile de l'équilibrer tout-à-fait.

Il n'y a pas déficit, quant à la balance entre le produit des taxes et le montant des services, puisqu'au contraire un surplus de 64 millions est levé, à l'effet de pousser le 3 et de remplacer l'emprunt.

Il n'y a pas déficit, puisque cela suffit de retourner à la méthode des emprunts pour les dépenses extraordinaires, ce qui laisserait libre les deux tiers du fonds d'amortissement.

Et il y aurait déficit au moins pendant huit ans d'après le projet de rachat, si l'on ne prenait pas sur ledit fonds pour acquitter les annuités.

Il y aurait déficit si le projet se réalisait, car après une réduction opérée sous les auspices solennels du cours forcé par l'amortissement, et accomplie avec la garantie tacite du maintien de ce cours, c'est alors, qu'à moins de manquer de rechef à la bonne foi, on serait astreint à consacrer pour l'éternité, le fonds actuel au taux de 64 millions : ainsi se privant de l'emploi d'une telle rentrée, en cas de besoins survenans.

Et s'il y avait déficit de nature permanente, en outre du fonds d'amortissement et des diverses épargnes applicables à le couvrir, rien de plus simple que le moyen d'y parvenir.

Avant 1789, les charges foncières étaient doubles : en Angleterre elles sont doubles encore.

Depuis vingt ans l'impôt territorial a été réduit d'un sixième ; et le produit brut dont dérive le revenu net s'est élevé d'un sixième au moins.

La terre payait sur un revenu net de 2 milliards peut-être, environ 300 millions ou le sixième et demi.

La terre paie sur un revenu de 2 milliards et un tiers de milliard, environ 250 millions, ou guère plus du dixième.

On oppose le bas prix des blés.

Mais quant aux fermes, c'est le tenant et non le bailleur qui en souffre : quant aux métairies, les propriétaires sont sujets à recueillir plus ou moins, une année compensant l'autre, à raison des prix.

Puis, sauf dans les terres qui servent de nourrices aux grandes villes, le produit agricole se compose de plusieurs élémens qui ne sont pas en baisse.

On oppose le nombre des propriétaires à peine vivant sur leur petit bien.

Mais à ceux-là, qui méritent tant au double titre de travailleurs et de malheureux, il a été dit et redit, comment l'élévation de l'impôt foncier dont le tarif est proportionnel, leur porterait du bénéfice, en y joignant la réduction ou l'abolition de la taxe du sel, dont la charge est progressive, en raison inverse des moyens, en raison directe des besoins.

Au reste, peu importe le déficit fiscal, tel qu'il soit et surtout s'il n'est que de 10, de 20 millions, minime fraction du budget annuel, imperceptible portion du reveuu total.

Mais fort importe, et le déficit national qui ressort du recul en la marche naturellement progressive de la richesse publique.

Et fort importe aussi le déficit personnel qui consiste dans la diminution des moyens d'entretien de la vie humaine.

Or, sous le premier rapport, si le projet venait à se réaliser, voyez suivant les justes paroles de M. Humann en 1831, combien de fonds extraits de la terre, soustraits à la fabrique, sont attirés vers la Bourse, sont absorbés par la Bourse, et au terme d'une lutte trop inégale vont se fondre, se perdre au trésor des puissans du lieu.

Il est question de la baisse de l'intérêt :

Elle aura lieu peut-être, après que de guerre las et battant en retraite, les capitaux réduits de somme feront retour aux emplois productifs.

Elle aurait eu lieu plutôt, car la crise plus vive eût été moins longue, au cas que le remboursement se fût opéré en plein, à l'instant.

Autrement, et ce 4 en doute de la réduction, et ce 3 en ambition du pair, et ces annuités courant de main en main, fouettés qu'ils seront en tout sens ou par les combinaisons frauduleuses des joueurs de génie, ou par l'avènement des craintes au dehors, des risques au dedans, et peut-être même des guerres ou des crises, tourbillonneront au point le plus extrême.

Cependant un certain nombre de rentiers inquiets d'un tel mouvement, appris par la fatale mémoire, se retireront de la dette publique, ainsi de plus en plus passant aux mains de ceux qui la livrent à tous les vents et la lâchant dans la tempête.

Là, ce sont les étrangers qui n'y rencontrent plus cet intérêt supérieur à celui de leur pays, et ce capital s'accroissant jusqu'à présent, qui sont agités, effrayés par les alternatives violentes que le cours vient à subir.

Ici, ce sont les petits rentiers qui, poussés par la nécessité d'équilibrer leur recette à leur dépense, cherchent et trouvent enfin quelques placemens à plus haut intérêt, à péril trop fréquent.

Ce sont les moyens rentiers, gens de château, gens d'état et de métier, qui cédant à l'appât du revenu annuel, se colloquent dans les emprunts étrangers de Naples et de Rome, même d'Espagne et de Portugal, peut-être du Brésil et du Mexique, ainsi faisant émigrer une masse de capitaux indigènes.

Ce sont les gros rentiers, qui, oublieux de la leçon donnée en cas tout semblable, aliènent aussi leurs titres, et se jettent encore dans les bâtisses, dans les fabriques, dans les navires, dans les entreprises de chemins de fer et de mines de charbon ; que la vogue éphémère porte aux nues et d'où surgit un intérêt usuraire jusqu'à la veille du jour où s'anéantit le capital.

Bientôt par l'effet de toutes ces causes faciles à discerner, et d'autres causes impossibles à déterminer, surviendra une débacle des fortunes, un déluge de sinistres, encore en un degré plus haut, à un terme plus long qu'en 1825.

On l'a vu, on le verra, l'exemple parle en vain, comme en vain parlait la leçon. (*Aperçus sur le* 3 : 1825.)

Passons à l'intérêt personnel et citons un précieux passage de *Débats*, dont cette feuille et ses amis devraient garder plus fidèlement la mémoire.

« Est-ce qu'il y a un intérêt général auquel il faille sacrifier successivement l'intérêt de tous, d'abord l'intérêt des rentiers puis celui des fabricans, enfin celui des propriétaires ? »

Dans un tel système, ce qu'il y a de pis encore, c'est que les divers intérêts étant en action et réaction mutuelle et les intérêts de chacun ne faisant qu'un avec l'intérêt de tous, le plus souvent on sacrifie un intérêt vrai, à un faux intérêt.

Ainsi, ce sauvetage, cette aubaine de 20 millions a répartir entre trente millions de têtes ne rapporte à l'une et à l'autre, que treize sous de bénéfice ou d'épargne : et comme la plus forte remise incombe aux plus fortes cotes, il n'échoit pas aux petits contribuables au-delà de cinq sous par tête.

A ne porter en compte que les êtres réduits au nécessaire

absolu, si nombreux dans toutes les classes, c'est un millième, c'est un cinquième, là ajouté, ici retranché au bilan d'entretien de la vie.

Certes, bien que ce soit le stygmate caractéristique du siècle, de n'apprécier et même de n'apercevoir rien de ce qui tient, de ce qui touche à autrui, encore ceci est de telle sorte, qu'à mettre aux voix parmi les prétendus intéressés, la mesure serait manifestement repoussée.

Il y a ensuite à considérer la masse des rentiers de Paris, afin de saisir les résultats généraux.

Sur 20 millions à spolier au total, environ 15 millions sont soustraits du revenu appartenant à cette ville.

Paris contient sept à huit cent mille habitans; Paris dépense, à raison de 500 francs par tête, 300 à 400 millions. Paris perd du vingtième au vingt-cinquième de son revenu, consomme d'autant moins.

Et voyez comment, dans une proportion double et triple, à raison du dixième ou du sixième, car c'est là-dessus que s'exerce l'épargne impuissante à prendre sur les besoins de la vie, comment baisse le prix des petits, des moyens loyers.

Et voyez comment par suite, baisse aussi de la part des rentrées dont l'épargne s'exerce dans ce sens, en seconde ligne, et de la part des propriétaires dont les rentrées sont en déficit marquant, le montant des achats habituels.

Et voyez s'ensuivre des retards de paiement, des faillites même, dont le contre-coup passant de l'un à l'autre, en interceptant la circulation régulière, cause des pertes infiniment supérieures à la perte primitive.

Et voyez s'ensuivre l'encombrement de certaines marchandises, la privation de travail pour maints et maints ouvriers, d'où encore résulte un manque d'achats en d'autres parties.

Or où cela mène-t-il ?

Rien moins qu'à l'émigration forcée, qu'à l'expulsion légalisée d'un nombre d'habitans de la capitale allant refluer vers la province, où leurs emplois primitifs ont été pris par d'autres, dont les emplois naturels ne leur sont plus appropriés.

Au premier aspect, le chiffre en paraissait fixé au taux de

500 francs par tête, à trente mille individus; à la réflexion, d'après le manque et de fonds et de travail, occasioné de proche en proche et comme par ricochet, le chiffre doit s'élever au double peut-être, à soixante mille individus.

Si tel est le but, qu'on se hâte : sinon, qu'on s'arrête.

Paris, de l'imp. d'A. PIHAN DE LA FOREST, rue des Noyers, n. 37.

www.ingramcontent.com/pod-product-compliance
Ingram Content Group UK Ltd.
Pitfield, Milton Keynes, MK11 3LW, UK
UKHW020500220726
13923UKWH00006B/2676